AF395222

SIMPLES RÉFLEXIONS

A PROPOS DE

L'IMPOT

PAR

FÉLIX H. PECY

Prix : 30 centimes

PARIS

PAUL RITTI, LIBRAIRE-ÉDITEUR

53 BIS, QUAI DES GRANDS-AUGUSTINS

1876

SIMPLES RÉFLEXIONS

A PROPOS DE

L'IMPOT

Parmi les questions à l'ordre du jour il en est une qui fait l'objet de la préoccupation générale et sur laquelle il est important de ne pas laisser s'égarer l'opinion publique, c'est celle de l'impôt. Cette préoccupation est toute naturelle ; l'impôt étant devenu pour tous une charge très-lourde, c'est un cauchemar universel dont chacun cherche à s'affranchir par une assiette, une répartition différentes.

Divers systèmes de répartition se sont produits ; les uns proposent de faire peser l'impôt sur le capital seulement; d'autres demandent de le faire porter uniquement sur le revenu. Il s'agit d'examiner ce qu'il y a d'efficace dans toutes les théories émises; quel est l'allégement qu'on est fondé à attendre de toutes les modifications vaguement proposées du reste.

Il est un fait, l'impôt existe; il est nécessaire; il faut le payer. Qui doit le payer? comment? avec quoi?

Il faut aller au fond des choses.

Pour décider sur quoi doit principalement peser l'impôt, qui doit le payer, il est nécessaire de se rendre compte de notre agencement social, de ce qui se passe sous nos yeux; de définir ce qu'on entend par certaines expressions, par exemple : richesse publique, capital, revenu, impôt.

C'est ce que nous allons essayer de faire tout d'abord.

La richesse publique, *le capital, est tout ce*

qui est accumulé, non consommé, économisé des
choses nécessaires à la vie de l'homme :

Nos habitations, nos monuments, nos usines, nos machines, engins et ustensiles de toute nature servant à la production; nos voies de communication, et tout ce qui en dépend, notre matériel de transport, etc.

La préparation de la terre, sa mise en état, en valeur.

Tout ce qui est préparé ou en voie de préparation pour la nutrition, l'habillement, etc., enfin pour la satisfaction de tous les besoins matériels et moraux de l'homme.

La préparation de l'homme lui-même, son acquis intellectuel, les moyens dont il dispose, qu'il tient de lui-même ou des générations précédentes, font partie de ce capital.

Et tout cela est le résultat du travail humain, rien autre chose n'en a produit un atome. Chaque coup de pioche, tout effort intellectuel ou matériel de l'homme est une augmentation de la richesse publique, du capital humain.

L'homme, dont les besoins sont si divers, a tout d'abord senti la nécessité de se réunir en société; et pour aller plus vite, d'alléger sa peine, de se diviser le travail.

Les uns se sont occupés des vivres, de tout ce qui s'y rattache, de la culture sous toutes ses formes, l'élève du bétail, etc; d'autres de l'habillement.

Ceux-ci de la création des voies de communication.

Ceux-là de la création des outils et machines de toutes sortes.

Enfin tout le travail s'est divisé, subdivisé et les produits se sont échangés selon les besoins, d'abord en nature, puis au moyen de signes représentant toutes choses comme de nos jours, l'or, l'argent.

Puis il a bien fallu déléguer, presque à

l'origine même, un certain nombre de membres de la société pour créer les règlements, veiller à la garde sociale, maintenir l'ordre, rappeler chacun à l'exécution des règles communes, administrer la justice, veiller à la sûreté de tous, faire exécuter les travaux généraux, aider au développement, surveiller chaque branche, etc., etc.

Dans cet arrangement, ceux qui créaient, fabriquaient les objets nécessaires à la vie, pouvaient le faire en toute tranquillité, y employer tout leur temps, dispensés qu'ils étaient des travaux généraux.

Il fallait bien comme conséquence que les délégués aux services généraux vécussent, tout en ne créant rien, puisque leur concours mettait les autres à même de consacrer tout leur temps paisiblement à la création des objets. De là l'impôt, la contribution de ceux-ci existant encore de nos jours et d'autant plus forte que notre société a acquis un plus grand développement et que nos services généraux sont plus importants.

L'impôt est donc pricipalement *la portion contributoire de chacun dans ce qui est nécessaire pour rémunérer de leur concours les citoyens employés aux divers services publics,* ou enfin pour payer un service quelconque rendu à la chose générale, soutenir et assister dans la vie *de tous les jours* ceux qui n'ont pu arriver à se suffire.

Nous avons dit ce que c'est que le capital, ce que c'est que l'impôt, examinons maintenant ce qu'on doit entendre par revenu.

Le revenu, comme le capital, n'est naturellement que le produit du travail; point de travail, point de revenu. Il est en raison de ce travail, des efforts utiles que fait l'homme.

Le revenu est donc ce qui revient à chacun, jour

par jour, pour son concours, sa participation dans le travail commun.

Ce qui n'est pas consommé de ce revenu, s'ajoute au capital, qui ne se forme du reste que comme cela.

« Ici et comme digression nous ferons
« remarquer cette erreur trop généralement
« répandue que plus une société consomme
« plus elle est prospère, parce que le travail
« et le commerce vont, selon l'expression
« vulgaire. Qu'on travaille, qu'on produise,
« mais que l'on consomme sobrement, car ce
« n'est que de l'excédant qu'est formé le capi-
« tal. Il est clair que, plus la destruction des
« richesses est grande, moins il en reste, que
« ce soit le pauvre ou que ce soit le riche qui
« détruise. »

Maintenant, sur quoi doit frapper l'impôt, qui doit le payer? est-ce le travail antérieur, le capital? ou bien le travail journalier, le revenu?

L'impôt représente principalement. comme nous l'avons dit, la dépense de chaque jour des employés aux services publics, services qui assurent la sécurité de ceux qui chaque jour créent les objets nécessaires à la vie de tous. Pendant que l'administrateur, le juge, le soldat donnent leur temps à tous, ceux qui fabriquent les souliers, les vêtements, le pain et autres objets, doivent leur consacrer aussi une partie du leur; c'est un échange de services. Tous travaillent pour faire vivre tout le monde. Il faut donc que le travail *de chaque jour* suffise pour tous. Pourquoi d'ailleurs irait-on prendre sur le travail antérieur pour la vie d'une catégorie d'individus, des employés aux services publics? Au surplus, le capital ne se compose presque exclusivement que de choses qui ne se consomment pas, tandis que l'impôt représente principalement des choses qui se consomment. L'on ne consomme pas de la terre, des maisons, des monuments, des fabriques, des machines, des navires, des chemins de fer, des matériels de toute nature où et quand ces choses sont frappées, et elles le sont, ce n'est qu'en raison du revenu qu'elles produisent ou qu'elles sont présumées produire.

Ensuite, ces mêmes choses, créées dans le temps antérieur, ont été frappées de l'impôt de ce temps ; elles ne sont que des économies nettes.

Il faut donc que le travail courant suffise notamment :

A la vie de tout le monde, de ceux qui créent les objets, comme de ceux qui, étant aux services publics, permettent aux premiers de créer en toute tranquillité ;

A l'entretien de l'outillage et des agents de production;

A l'Assistance publique.

L'impôt ne frappe donc, n'a jamais frappé et ne peut frapper que la production. Qui le paye? le consommateur.

En effet, dans la valeur d'un objet qui vient d'être produit, valeur qui se compose uniquement de salaires, ou parts de tous ceux qui ont concouru à sa production, se trouve compris l'impôt applicable à cet objet. Celui qui en devient possesseur rembourse au cédant cet impôt, et c'est le consommateur de l'objet, celui qui l'anéantit, qui en définitive paye l'impôt.

Il est bien évident que dans l'appréciation que fait un individu de la valeur de l'objet qu'il a créé et qu'il cède, il a égard à l'impôt qu'il est obligé de payer, sans cela sa part de concours à la production de cet objet en serait affectée sinon annulée complétement.

Qu'on s'y prenne comme l'on voudra ce sera donc toujours le consommateur qui payera l'impôt, c'est-à-dire qui le remboursera, et cela est juste.

Ainsi prenons l'impôt qui paraît le plus éloigné du consommateur, l'impôt sur la terre labourable par exemple, grevée du 20° de son revenu. Vous faites payer le propriétaire, c'est bien ; sa terre vaut 95 fr. de loyer et est taxée à 5 fr. d'impôts. Il louera 100 fr.; le fermier lui remboursera donc la contribution et vendra son blé en conséquence.

J'ai une terre dont je ne veux pas tirer de gain, les impôts qui la frappent sont de 100 fr., ses produits sont des produits naturels qui, au cours, ont une valeur de 100 fr. En vous les cédant je suis bien obligé de vous demander de me rembourser au moins les 100 fr.

que j'ai payés, sans cela vous consommeriez mes produits pour rien et c'est moi qui en supporterais l'impôt.

Toute la question est de savoir si la rémunération du travail est assez forte, suffisante, et si quelques-uns de ceux qui concourent à la production des objets ne s'attribuent pas une part disproportionnée à leur concours.

D'autres exemples à l'appui de cette affirmation que l'impôt est payé par le consommateur et qu'il en sera toujours ainsi pour la plus forte partie au moins de cet impôt.

L'industriel qui paye son impôt, eu égard à ce qu'il a, le porte dans ses frais généraux, et la valeur des objets qu'il livre se trouve fixée en raison de ses frais, de même l'entremetteur. Enfin tous les individus entre les mains desquels passent les mêmes objets y ajoutent leurs frais, et par conséquent leurs impôts.

Quand vous aurez frappé uniformément le

revenu de tout le monde, il en sera de même, chacun augmentera d'autant ses produits.

Il en serait encore ainsi alors même que vous frapperez uniquement le capital.

Dans le système actuel, c'est évidemment le revenu qui est frappé, à part les mutations par décès et par actes entre vifs, les droits de ventes, mais il l'est sans qu'on s'en aperçoive trop.

Que l'impôt soit appliqué en raison du capital ou en raison du revenu de chacun, c'est toujours sur le revenu qu'il sera payé.

Vous désirez n'atteindre que l'excédant du revenu, mais dans l'état actuel ce n'est que cet excédant qui est frappé, puisque au bout de l'année tout le monde a vécu etc., payé l'impôt, et que ce n'est que l'économie qui a été ajoutée au capital.

C'est donc à une répartition meilleure et plus équitable qu'il faut uniquement viser et à une économie bien entendue dans les services publics :

Révision des évaluations.

Impositions plus fortes des propriétés mobilières et immobilières d'agrément et de satisfaction. Celui qui jouit d'un parc dont le produit est presque nul, doit payer non-seulement en raison du revenu que pourrait produire ce parc, mais encore en raison de la privation de produits pour la société. Celui qui a une maison d'une valeur d'un million doit payer en raison de l'intérêt de pareille somme.

Imposition des objets de consommation nuisible ou d'utilité secondaire.

Il faut que les économies dans les services publics soient faites avec discernement, car il est nécessaire que ces services soient bien faits. Une dépense bien faite n'est en résumé qu'une augmentation de la richesse publique et qu'un moyen de reproduction.

La richesse accumulée, le capital, est une force à la disposition de l'homme pour la production plus facile des choses necessaires à son existence, ce n'est que cela ; ce sont les instruments, les moyens de travail, et cela en quelque main que se trouve cette richesse, car le possesseur, alors même que le point de vue général lui échappe, est suffisamment poussé par son intérêt particulier à l'utiliser.

C'est donc à l'économie principalement que tout le monde doit viser dans l'intérêt du bien-être général.

Il y a certainement des améliorations à introduire dans l'assiette de l'impôt sur le revenu, en imposant par exemple certains revenus. Mais selon nous il n'y a pas à songer au remplacement de tous les impôts par un impôt unique sur tous les revenus, car là on rencontrerait encore l'inégalité.

Supposons un impôt unique de cette nature

avec un minimum — ce qui est présumé nécessaire à un individu pour vivre et faire vivre ceux à sa charge — au-dessous duquel on ne payerait pas d'impôts :

Pour l'ouvrier manuel à façon ou à la journée, cet ouvrier gagnera admettons, 1200 fr. par an, le minimum est de 400 fr. Il payera donc proportionnellement sur 800 fr. Le patron pour lequel il travaillera lui payera ses 1,200 fr., et les portant dans ses frais, augmentera ses produits d'autant. Quand l'ouvrier, qui aura déjà payé sur 800 fr., consommera les mêmes produits, il payera encore l'impôt sur la totalité.

Mais prenons l'individu dont le revenu est de 10,000 fr. en rentes sur l'État, en obligations dans les sociétés industrielles, celui-ci sera grevé d'impôts sur 9,600 fr. Quand il consommera il payera encore sur les objets consommés ce dont ils sont grevés d'impôts ;

mais l'on ne voit pas trop comment l'impôt proportionnel auquel il a été taxé sur 9,600 fr. pourrait affecter la valeur des produits qu'il a consommés. Dans ce cas l'impôt qu'il a payé sur 9,600 fr. porterait évidemment sur un excédant de revenu, sur la portion qui aurait été mise de côté par cette espèce de rentier pour former capital, si les 9,600 fr. n'eussent pas été grevés d'impôts. Cet impôt viendrait même alléger d'autant la part qui frappe les objets en général.

Il en est de même de l'acteur qui gagne cent mille francs, du banquier, du spéculateur, du trafiquant à gros bénéfices, de l'artiste.

En adoptant ces modifications, en remaniant comme nous l'avons dit les évaluations, on arrivera à déplacer l'économie, à la faire réaliser par un plus grand nombre; mais il faut que tout le monde comprenne la nécessité de l'économie, sans cela la richesse publique, qui ne se compose que d'économies, se trouverait atteinte.

Mais le système actuel est un mécanisme qui fonctionne, tout vieux qu'il est. C'est un édifice de pièces et de morceaux sur lequel repose la société; il ne faut y toucher qu'avec la plus grande prudence. Il faut évidemment le réparer, l'améliorer, mais non le faire crouler, car ses débris encombreraient gravement la situation et la République en serait responsable. Avant d'en détacher une pierre il faut en préparer une plus convenable, meilleure, pour la remplacer, et s'assurer si sa suppression n'ébranlera pas tout l'ensemble. Ainsi il est certaines ressources dont il faut se garder de se priver, bien qu'elles paraissent affecter particulièrement le capital, tels sont les droits sur les mutations par décès, etc., par actes entre vifs, sur les ventes, etc.

Nous n'avons fait qu'indiquer dans quel sens il faut entendre les réformes à apporter en matière d'impôts ; nous ne pouvions pas faire autre chose. Quant à remplacer tout ce qui est par un système absolu : soit un impôt unique sur le capital, soit par un impôt portant seulement sur le revenu, cela nous paraît impraticable et de nature à jeter la République dans un inconnu dont elle ne sortirait pas.

Beaucoup de bonnes choses sont à faire pour le bien-être de tous, principalement pour l'amélioration du sort de ceux qui produisent les choses nécessaires à la vie, de l'ouvrier enfin, mais cela répond à un autre ordre d'idées : la prévoyance pour ceux qui n'en ont pas suffisamment ; l'organisation de l'assistance publique ; les caisses de retraite pour les travailleurs, afin que l'homme ne soit pas exposé à voir son semblable dans le ruisseau, privé de. tout, au milieu d'une société qui a tant de force et qui a à sa disposition tant de moyens pour la production des choses nécessaires à son existence. Sous ce rapport l'imperfection est partout, mais nous avons sur plusieurs points beaucoup à envier à certaines nations.

Ces sujets ont besoin d'être traités longuement, nous y reviendrons peut-être, mais d'autres l'ont déjà fait et le feront avec plus d'autorité que nous ne pourrions le faire.

La plupart des choses qui viennent d'être dites sont des vérités de la Palisse ; mais il est tout à fait essentiel que personne ne les perde de vue, c'est pour cela que nous les avons écrites.